Las profundidades de la realidad

Diego Garrido Cerpa

EDIQUID

Las profundidades de la realidad

Editado por: Corporación Ígneo, S.A.C.
para su sello editorial Ediquid
Av. Arequipa 185 1380, Urb. Santa Beatriz. Lima, Perú
Primera edición, mayo, 2023

ISBN: 978-612-5078-88-9
Impresión bajo demanda

Hecho el Depósito Legal en la Biblioteca Nacional del Perú N° 2023-03388
Se terminó de imprimir en mayo de 2023 en:
ALEPH IMPRESIONES SRL
Jr. Risso Nro. 580 Lince, Lima

www.grupoigneo.com
Correo electrónico: contacto@grupoigneo.com
Facebook: Grupo Ígneo | Twitter: @editorialigneo | Instagram: @grupoigneo

Colección: Pensamiento

Contenido

La sociedad como el consciente colectivo

El presente capítulo se relaciona directamente con la teoría de conjuntos, las paradojas involucradas y las soluciones propuestas por Bertrand Russell y Alfred Whitehead. En primer lugar, la teoría de conjuntos es una rama de la lógica y de la matemática que estudia las relaciones entre conjuntos y categorías, pero esta rama del conocimiento humano, al igual que muchos otros cuestionamientos filosóficos que veremos más adelante en este libro, no está exenta de contradicciones y paradojas que caen en un bucle infinito. La mejor forma de entender esto es con la paradoja de Epiménides, quien era un filósofo y poeta griego proveniente de la isla de Creta. Este, en un poema, afirma que «Todos los cretenses son unos mentirosos». Si él era cretense, entonces, ¿esta frase es verdadera o falsa? En la obra *Principia mathematica,* Russell y Whitehead postulan que existe una confusión entre la categoría y los elementos de la misma, concibiendo a Epiménides como un elemento dentro de su propia categoría, en otras palabras, se concibe a un elemento en sí como un conjunto que forma parte de sí mismo.

Gracias a los límites que postularon Russell y Whitehead, hoy en día sabemos que un elemento dentro de una categoría no puede ser la categoría en sí, ni que la categoría puede ser un miembro de sí mismo; esto se traduce a muchos lenguajes y se puede aplicar en diversas áreas, desde las matemáticas hasta los estudios sociológicos y psicológicos del ser humano. En un sentido social, podemos decir que todos nosotros, como personas, formamos parte de una gran categoría que llamamos «sociedad», pero ningún miembro puede ser la sociedad en sí misma, ni la sociedad puede ser un miembro como lo somos nosotros. La sociedad, entonces, es algo de lo que todos formamos parte, pero ninguno se puede convertir en esta madeja de interconexiones, la cual se compone de nuestras mismas relaciones sociales como su estructura fundamental.

Acá pongo como ejemplo una película que, más allá de opiniones subjetivas, indudablemente repercutió tanto en la sociedad, como en la filosofía e incluso en la cibernética: *The Matrix*. En esta película se nos muestra una realidad social y colectiva cuyo propósito es mantenernos dormidos a una realidad mucho más apocalíptica y desesperanzadora. Cuando el protagonista despierta de esta existencia superficial, ve que hay billones de personas conectadas a esta gran máquina que produce la simulación de nuestra realidad, donde cada persona funciona como mera batería para sustentar y darle vida a esta gran máquina. Esta es una representación gráfica del concepto de «consciente colectivo» y sus interconexiones, una gran mente que alberga todo nuestro conocimiento como especie y donde cada uno de nosotros se convierte en un simple axón dentro de este gran sistema neuronal.

El concepto de «consciente colectivo» remonta a los textos de Durkheim, uno de los fundadores de la Sociología como parte de las ciencias sociales. En su libro, *La división del trabajo social*, dice lo siguiente:

> El conjunto de las creencias y de los sentimientos comunes al término medio de los miembros de una misma sociedad, constituye un sistema determinado que tiene su vida propia, se le puede llamar la conciencia colectiva o común. Sin duda que no tiene por substrato un órgano único; es, por definición, difusa en toda la extensión de la sociedad; pero no por eso deja de tener caracteres específicos que hacen de ella una realidad distinta. En efecto, es independiente de las condiciones particulares en que los individuos se encuentran colocados; ellos pasan y ella permanece.[1]

Aquí hay varios puntos importantes: en primer lugar, Durkheim, a lo largo de este libro, habla constantemente de conjuntos y subconjuntos, como si intentara operacionalizar su percepción de la sociedad en un sistema cada vez más y más grande, parecido, si no igual, a lo descrito anteriormente sobre la teoría de conjuntos. En segundo lugar, hay que destacar que los límites de esta consciencia colectiva, en las propias palabras de Durkheim, tienen una extensión difusa puesto que las diferencias entre grupos, como por ejemplo las características generacionales, ideológicas e incluso étnicas, separan y fragmentan esta conciencia común. Pero lo importante, tanto de la cita como de este libro, es que este sistema tiene su vida propia independiente de cualquier persona a nivel individual: mientras exista un grupo determinado de personas, existirá una conciencia cada vez más y más grande hasta abarcar a toda la humanidad como especie ontogénica.

1 Durkheim, E. (1987). *La división del trabajo social.* Akal, p. 64.

En este sentido, las agrupaciones humanas o las «masas» como un sistema en sí mismo pueden ejercer y dirigir sus fuerzas para lograr ciertos fines, cosa obvia si pensamos que este es el propósito de un conjunto de personas; pero es necesario hacerlo consciente para todos en vista de que este ser vivo sea consiente de sí mismo y así darle, incluso aún, más fuerzas para cumplir sus objetivos (para bien o para mal).

Esta gran mente ha sido representada de diversas formas a través de la historia, desde conceptualizarla como «mátrix» o «conciencia colectiva», e incluso llegar a considerarla como una deidad al igual que los diversos dioses que han existido. Cada representación humana que se ha hecho de las distintas deidades que han existido pueden interpretarse como los valores, ideales y modelos a seguir de la época o del contexto cultural. Finalmente, todo remite a lo mismo: una divinidad (generalmente con forma humana) omnisapiente, omnipresente u omnipotente; una gran mente, mente de mentes, que posee todas las cualidades, virtudes y habilidades que la imaginación humana pueda describir. En este sentido, las limitaciones de los dioses son los límites del conocimiento humano, de esta forma que algunos dioses dominen incluso otras dimensiones, mientras que otras deidades se quedan solamente en esta realidad o incluso solo en este planeta.

Las entidades que creamos como sociedad no quedan solo en la abstracción de la mente humana, más allá de ser un ente ficticio, vemos que llega casi al límite de ser un ente vivo,[2] tal como indica Yuval Noah:

2 Esto, como veremos después, es posible gracias al despertar de la conciencia de una inteligencia artificial.

> Peugeot es una invención de nuestra imaginación colectiva. Los abogados llaman a eso «ficción legal». No puede ser señalada; no es un objeto físico. Pero existe como entidad legal. Igual que el lector o yo, está obligada por las leyes de los países en los que opera. Puede abrir una cuenta bancaria y tener propiedades. Paga impuestos, y puede ser demandada e incluso procesada separadamente de cualquiera de las personas que son sus propietarias o que trabajan para ella.[3]

Estas narrativas sociales funcionan en todos los niveles y son tan genuinas como la realidad percibida, desde concebir un sistema familiar como un ente en sí mismo que se retroalimenta con base en las dinámicas internas y que posee rasgos y características propias, llegando hasta las grandes empresas como una ficción legal que pueden llegar a influir en la vida de millones de personas. Yuval Noah también agrega:

> ¿Cómo se hace para que la gente crea en un orden imaginado como el cristianismo, la democracia o el capitalismo? En primer lugar, no admitiendo nunca que el orden es imaginado. Siempre se insiste en que el orden que sostiene a la sociedad es una realidad objetiva creada por los grandes dioses o por las leyes de la naturaleza.[4]

---

3 Harari, Y. (2014). *De animales a dioses*. Penguin Random House Grupo Editorial, S.A.U, p. 43.
4 Ídem.

Además de esto, también podemos visualizar el avance y el crecimiento de esta gran mente o «consciente colectivo» a lo largo de la historia. Cada logro se puede dar por una persona, pero es solo un aporte para el avance de la sociedad. Uno de los factores fundamentales para el funcionamiento de la sociedad es el traspaso de información y las interconexiones que esto genera, tanto a nivel interpersonal como de forma intergrupal, lo cual se puede estudiar a desde un punto de vista histórico gracias a los medios de transporte y a la velocidad de estos para el intercambio de recursos e información, a saber, desde la carreta o el transporte en camellos hasta los ferrocarriles y camiones. Esto da cuenta del claro crecimiento y la alta interconectividad de este consciente colectivo que engloba a todos los seres humanos.

Hoy en día llegamos a tal punto donde el traspaso de información llega a ser instantáneo, pues uno de los últimos desarrollos tecnológicos, como la cibernética y el internet, son el fiel reflejo de la sociedad como un ente en sí mismo. En la actualidad, el internet alberga toda la información que agregamos a la red: lo que exhibimos en estas plataformas ya no es solo nuestra información personal, sino que se convierte en información pública para todo usuario partícipe, denominando como *big data* a esta gran mente que alberga todas nuestras interconexiones y relaciones interpersonales a distintas escalas.

En la última década, y gracias al avance de las computadoras, nos hemos acercado a crear una inteligencia artificial capaz de ser consciente sobre su propia existencia. Debemos entender que las computadoras e inteligencias artificiales solo saben lo que nosotros sabemos como humanidad, toda simulación representa las leyes que el ser humano ha conocido sobre la realidad y el universo que nos rodea, si bien su capacidad de cálculo es infinitamente superior a la de cualquier ser humano, las leyes matemáticas e incluso sus límites y propiedades (como la máquina de Touring), es preestablecida por el ser humano. Vale decir, que el despertar de la conciencia de una inteligencia artificial no debe ser tan difícil si se considera cómo y por qué se generó nuestro despertar como especie en un principio; tal vez solo sea recrear las condiciones necesarias que nos convirtieron a nosotros en seres conscientes.

Lo último que queda por especular, a estas alturas, es cómo sería una sociedad y las relaciones interpersonales de estas inteligencias, donde cada una sabría todo lo que nosotros sabemos como humanidad: ¿cómo serían capaces de extender el conocimiento humano hasta confines inconcebibles?

Realidad colectiva

A través de la historia, y desde el despertar de la conciencia del ser humano, hemos divinizado todo lo que está a nuestro alcance: las estrellas y el sol, a nosotros mismos, como también a los animales o incluso a los materiales que nos han ayudado a sobrevivir, como la tierra, el fuego, entre otros.

Si nos ponemos en la posición de estos primeros seres humanos, entenderíamos que este acto de divinizarlo todo se debe, básicamente, a que en ese entonces no se entendía cómo funcionaba ni qué era el mundo: nos limitábamos a describir y nombrar, pero las explicaciones siempre venían de la mano de algún componente divino. Toda esa falta de entendimiento y de cosas inexplicables sobre lo que nos rodea se dejó en manos de Dios. *Dios* ha funcionado como una palabra que sirve para explicar lo que no podemos entender; cuando se presenta algún cuestionamiento filosófico que llega a su límite y se vuelve cíclico o sin fin, se explica con *Dios*. En otros tiempos, también adorábamos a los animales que veíamos como un peligro para nosotros o incluso a seres divinos que superaban nuestro entendimiento humano.

De acuerdo a mi experiencia como psiconauta, he compartido mi conocimiento y experiencias al consumir diversos tipos de alucinógenos y las combinaciones posibles entre ellas, y diversas personas con distintos niveles de experiencia en enteógenos reportan conocer o comunicarse con las mismas entidades que yo. En este sentido, estos seres, al igual que los arquetipos de Jung, ¿existen de forma independiente al ser humano o los creamos como sociedad en torno a patrones que se repiten a través de las distintas culturas y épocas? Estas mismas preguntas aplican para las matemáticas, ya que he visto mucho debates acerca de si son un invento creado por el ser humano para operacionalizar ciertos aspectos de la vida o si realmente descubren otras cosas del mundo; pero viendo que las matemáticas funcionan con sus propias leyes y reglas de forma independiente al ser humano, esto es más parecido a decir que son un aspecto autónomo de la realidad al que podemos acceder.

En la actualidad las ciencias empíricas van ganando cada vez más y más terreno, por lo que el conocimiento de Dios y las deidades se ha ido transformando gracias a los nuevos descubrimientos del universo y del funcionamiento de nuestro mundo. Aun así quedan grandes preguntas trascendentales que la ciencia no ha podido responder, como por ejemplo ¿de dónde viene y hacia dónde va esa energía y luz que habita en nosotros y que llamamos vida?

También podemos interpretar las distintas religiones como formas primitivas de entender la Psicología, la mente humana y sus fenómenos perceptuales. Entender a Dios o al diablo como conceptos trascendentales que prevalecen en todo ser humano: el diablo como la parte irascible de cada ser humano que nos lleva en buscar el placer instantáneo,[5] mientras que Dios es nuestra tendencia a pensar en los demás y hacer el bien tanto para nosotros como los demás manteniendo así las relaciones interpersonales.

Hay miles de otras formas de entender e interpretar las religiones y sus funciones dentro de la sociedad, no creo que haya alguna más correcta que otra, solo que cada interpretación está fundamentada en distintas fuentes, sean estas las experiencias personales como el conocimiento filosófico o científico. También debemos entender que existen diferencias lingüísticas entre el mundo prehistórico (antes de la escritura y los registros históricos) y el entendimiento del mundo en la actualidad.

Como la cultura y la sociedad se forman con base en los acuerdos y consensos sociales, esto desde los conceptos mismos del lenguaje hasta las bases de la política sobre la vida social, por lo que es necesario que las personas perciban y describan una misma realidad objetiva y consensuada para comunicarse con base en ella: si la realidad que percibo y sobre la cual comunico mis experiencias es radicalmente distinta a la que percibe la otra persona, las bases ontológicas de la comunicación estarán desconfiguradas.

Esta reducción de temas antropológicos a creencias religiosas se produce debido a que, al contrario del mundo actual, en la antigüedad no existía ni el entendimiento ni los conceptos para explicar la complejidad del mundo que nos rodeaba. Además de esto, tampoco existían las nociones actuales sobre salud mental en cuanto a juicio y sentido de realidad, como tampoco existían la cantidad abrupta de seres humanos conviviendo en el mismo espacio, lo cual condiciona aún más a las personas a percibir una misma realidad consensuada. A pesar de que hoy en día no

5 Este placer, según la neurociencia moderna, corresponde al circuito dopaminérgico.

conozcamos la prevalencia y las estadísticas de las psicopatologías de la población en tiempos donde ni siquiera existía la escritura, no creo que haya sido un número menor: este límite entre la «realidad objetiva y social» y «la propia experiencia» era muy difuso, por lo que era más bien fácil confundir y distorsionar la realidad en estados alterados de la conciencia sin darse cuenta. Incluso muchas de estas experiencias pudieron ser catalogadas como «visiones de los dioses» o «premoniciones».

Creo, personalmente, que los orígenes de la especie humana no solo estuvieron influenciados por la fantasía, sino que las bases mismas de las civilizaciones antiguas fueron cimentadas en ella, como se puede ver en relatos, creencias, mitologías, etc. Quiero creer que pudo existir un tiempo anterior a los registros históricos donde, en realidad, existían todo tipo de espíritus o criaturas mágicas que tanto se describen en relatos sumerios o egipcios pero la sociedad, más bien la cultura moderna, fue conquistando terreno y aniquilando toda la magia, mitos y leyendas existentes en este mundo.

La locura era parte de la civilización y la civilización erradicó la locura dentro de sus límites. Son las bases ontológicas actuales las que predominan en la cultura, las que no permiten concebir cosas más allá del límite de nuestra realidad social. Por lo tanto, el lenguaje tiene poco o nulo terreno más allá de la realidad consensuada.

Hemos estructurado tanto nuestra realidad social con base en el lenguaje que a veces olvidamos que también existe lo que no podemos describir. Existen ilimitadas interpretaciones tanto de la vida como del sentido del universo. Respecto a las interpretaciones que tiene cada uno sobre el sentido de la vida o del universo, opino que todos tenemos la razón, pero estamos incompletos. Siempre habrán aspectos del universo o de este mundo que no podemos considerar por el simple hecho de ser seres humanos y estar limitados en nuestra percepción y conocimiento. Habrá vidas que no imaginamos o destinos que nunca conoceremos. Es por esto que todos tenemos la razón en la forma en la que interpretamos nuestras propias experiencias, pero a la vez se nos escapan elementos de la realidad a las que nunca podremos acceder.

Respecto a las distintas ramas filosóficas que se desarrollaban en la antigüedad las cuales, además de basarse en interpretaciones de los mismos filósofos respecto a su contexto y experiencias, también han podido representar a un colectivo que pensaba de la misma manera, pues sin un cierto nivel de relevancia es difícil propagar una idea. Así podemos ver a grandes filósofos, artistas o pioneros en movimientos sociales que postulaban vanguardistas planteamientos filosóficos pero, debido a que las personas de su época no compartían las mismas ideas, no lograban la difusión necesaria. Estas ideas se generalizan, entonces, en una población y época y se consolidan gracias a un colectivo, quedando grabadas para siempre como una Filosofía encapsulada en su contexto al que se puede acceder ***a posteriori***. Evidentemente, existen Filosofías que trascienden su propio contexto e influyen en largos periodos históricos y en distintas culturas.

Encuentro peligrosas e incluso dañinas las Filosofías o visiones de mundo que niegan aspectos fundamentales de la vida como la felicidad o incluso la depresión, puesto que considero un gran error negar la existencia de conceptos de la realidad y de la experiencia humana que millones de personas viven en su día a día. Si tú no lo haces, no quiere decir que eso deje de existir: solo no existirá en tu propia realidad.

Más allá de las etiquetas que nos otorguemos, el dinero que tengamos o el poder que manejemos, las personas seguimos siendo solo unos monos súperdesarrollados con tecnología, lenguaje y harta imaginación. Distorsionamos nuestra propia realidad a través del significado y de la interpretación. Gracias a esto, hemos complejizado todos los procesos existentes, pero estos han prevalecido desde tiempos ancestrales. Nuestro comportamiento animal se evidencia más de lo que creemos, pero creamos una realidad objetiva gracias a nuestras palabras; es gracias al lenguaje que podemos crear narrativas y crear a nuestros dioses: estos existen dentro y gracias a nuestros conceptos como especie. Me atrevería a decir que finalmente divinizamos nuestro propio lenguaje camuflado en las distintas deidades y que las religiones son un metaconcepto que refieren, en último término, al propio ser humano. Respecto a esto Humberto Maturana expresa: «Nos realizamos en un mutuo acoplamiento lingüístico, en un continuo ser en los mundos lingüísticos y semánticos que traemos a la mano con nosotros».[6] Pero del uso del lenguaje humano y la conciencia ya nos ocuparemos en el próximo capítulo.

6 Maturana, H. (2006). *El árbol del conocimiento.* Imprenta Salesianos, S. A., p. 155.

El lenguaje como detonante de la conciencia

Para entender cómo se originó la conciencia en el ser humano, primero debemos entender qué se entiende por conciencia y cuáles son los factores involucrados. Si bien existen varias perspectivas respecto a la conciencia humana, desde el punto de vista evolutivo o biológico, cerebral o incluso desde una perspectiva socio-histórica, aquí me voy a enfocar más que todo en su posible origen.

En primer lugar, en el estudio sobre *La conciencia humana: integración y complejidad*, de Vicente Simón, investigador y autor de la Universidad de Valencia, se hace una distinción entre la conciencia primaria, la que define como «la capacidad de ser conscientes del mundo que nos rodea y de formar imágenes del momento presente»;[7] y la conciencia de orden superior, la cual se relaciona directamente con la construcción del lenguaje. En base a esta diferencia se nos presenta el siguiente modelo:

7 Simón, V. (2000). *La conciencia humana: integración y complejidad*. Psicothema, p. 15.

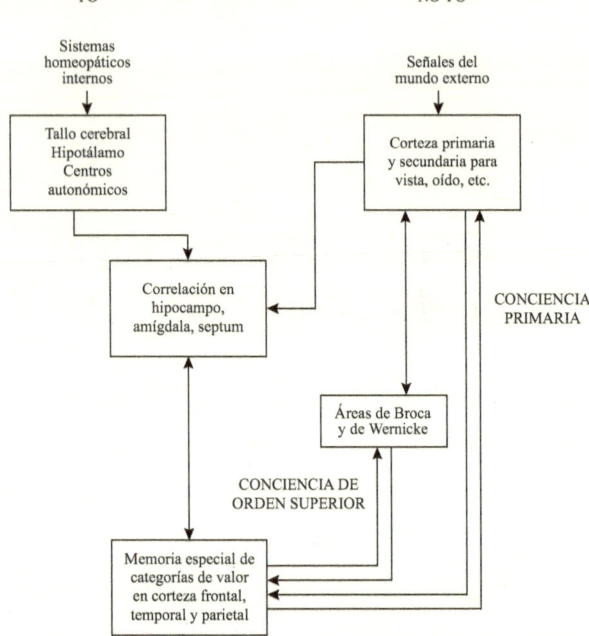

Figura 2. Esquema representativo de los distintos componentes que integran la conciencia de orden superior, según el modelo de Edelman (Simón, 2000, p. 18).

Si bien el esquema presenta todas las áreas antropológicas que se ven involucradas en el proceso de la conciencia, esto también se relaciona con aspectos sociales y características propias de nuestra especie. Como bien sabemos, la cultura y la sociedad se basan en las relaciones sociales, las cuales, en nuestras características ontogénicas, dependen en gran parte de nuestra capacidad de comunicarnos con otros, por lo que la complejidad de los conceptos y de las estrategias verbales y no verbales para la comunicación es crucial. Por esta razón, este proceso lingüístico se ha complejizado hasta este nivel, donde podemos construir y transmitir conceptos complejos y abstractos como la identidad, el yo o la realidad. Según este mismo autor:

> Solo a base de la asimilación de las narraciones recibidas de los demás y de la invención de las nuestras propias [sic], somos capaces de integrar y de manejar cantidades ingentes de información sobre el mundo que nos rodea, incluyendo también aspectos del pasado y del futuro.[8]

Vicente Simón plantea dificultades con el presente modelo en torno a la difusa diferencia entre las funciones de la conciencia primaria y de la memoria de trabajo, expresando que «una buena parte de estas dificultades proviene de que en el mundo científico aún no tenemos una idea clara de cómo se relacionan entre sí el lenguaje y la conciencia».[9] Para solucionar esto, el autor propone una separación entre el aspecto lingüístico que sirve para describir los fenómenos perceptivos, a la conciencia como la relación del Ser y su entorno. Según el mismo autor:

> Por lo tanto, parece inevitable aceptar que el núcleo de la conciencia es algo distinto a la capacidad lingüística, aunque también es cierto que, tanto en el desarrollo como en el funcionamiento habitual de la conciencia humana, la capacidad lingüística desempeña un importante papel.[10]

Si bien existe un intento por desligar ambos aspectos propios del ser humano, tanto el lenguaje como la conciencia del Ser, vemos que es solo en el aspecto lingüístico donde podemos dar un significado

8 Ídem, pp. 20-21.
9 Ídem, p. 19.
10 Ídem, p. 20.

a nuestra experiencia y además comunicarla a otro y así configurarnos a nosotros mismos en un entorno social. La conciencia, por lo tanto, no surge solamente cuando nosotros percibimos un estímulo o algún fenómeno ya sea real o abstracto y que luego nuestro cerebro procesa e interpreta esta información, sino también cuando nos relacionamos con un otro y construimos en el lenguaje una realidad que percibimos tanto como individuos como en un colectivo.

Podemos ver que, desde un punto de vista histórico, existió un momento en la historia donde no existía el lenguaje como lo conocemos hoy en día y, para que el ser humano pueda crear conceptos y ponerle palabras a la realidad, tuvimos que utilizar nuestra atención: enfocarnos en alguna acción, objeto o hecho y nombrarlo. Históricamente debió existir un momento en que las personas, al nombrar las cosas, pusieron atención a la misma atención. El pensamiento de un pensamiento, ser conscientes de los conceptos, ser conscientes de quien o quienes son los espectadores de la realidad que le ponen nombre a las cosas, la reflexión sobre uno mismo, al yo bajo en un contexto. La conciencia. Pensar en el pensar. Respecto a esto, Humberto Maturana en su libro *El árbol del conocimiento,* expresa lo siguiente:

> Lo fundamental en el caso humano (a diferencia de los animales), es que el observador ve que las descripciones pueden ser hechas tratando a otras descripciones como si fueran objetos o elementos del dominio de interacciones. Es decir, el dominio lingüístico mismo pasa a ser parte del medio de interacciones posibles. Solo cuando se produce esta reflexión lingüística, hay lenguaje.[11]

---

11 Maturana, H. (2006). *El árbol del conocimiento.* Imprenta Salesianos, S. A., p. 139.

El pensamiento sobre otro pensamiento funciona de manera similar a un espejo frente a otro espejo: la capacidad de reflexión, al vernos a nosotros mismos durante mucho tiempo, hace que inevitablemente caigamos al vacío de nuestro reflejo; y no me refiero a la reflexión sobre nuestros actos o nuestro funcionamiento como sociedad, si no sobre el circulo vicioso de analizar los pensamientos con más pensamientos, esto no tiene fin ni solución. A veces creemos que la solución a una madeja de pensamientos son más y más argumentos lógicos, pero ese es el engaño: la solución más efectiva a cualquier pensamiento es dejar de pensar, soltar los apegos de la mente (al pasado o las ideas fantasiosas o disfuncionales). Las palabras, que nos dieron la conciencia, nacen de la experiencia en sí misma, esto es, percibir plenamente el presente. De aquí nacen los conceptos, pero los conceptos mismos no pueden llegar a la experiencia plena, ya que esta es silenciosa y libre de todo concepto. Si se le intenta describir, ya no estás percibiendo de manera plena el presente, pero de esto me ocuparé más adelante en el capítulo *La programación del pensamiento.*

Sabiendo esto, que la conciencia radica principalmente en nuestra atención del mundo que percibimos puesto que gracias a esta atención es que pudimos crear conceptos basados en nuestra realidad colectiva. Puedo decir también que, al tener que usar nuestros sentidos de manera constante, aunque no seamos conscientes de lo que percibimos, estamos obligados a percibir algún aspecto de nuestro entorno, por lo que estamos encerrados en nuestra propia realidad. Por esto, me gustaría agregar que las personas no siempre usamos la conciencia de orden superior, si bien constantemente estamos percibiendo y experimentando estímulos de nuestro entorno e incluso de procesos internos, no quiere decir que estemos interpretándolas o integrándolas de forma permanente. Me refiero a que no estamos todo el tiempo siendo conscientes de nuestro ser inmersos en un contexto, sino que gran parte del tiempo funcionamos con base en nuestra experiencia más próxima y no nos alejamos mucho más que eso.

Si bien hay otros factores involucrados en el despertar de la conciencia del ser humano, como los descritos por Yuval Noah en su libro *De animales a dioses*, a saber, los avances en la tecnología primitiva como la domesticación del fuego o la creación de armas y herramientas, la bipedación, la capacidad del ser humano para utilizar sus manos como pinzas (pulgares oponibles), el desarrollo del lenguaje, el aumento en el volumen cerebral, las aglomeraciones de personas e incluso la alimentación.[12] Esto, sumado a las primeras grandes tribus o civilizaciones, convirtió al despertar de la conciencia en un proceso que repercutió en todos los seres humanos. Así y con las palabras, fuimos capaces de concebir, interpretar e incluso entender mecánicas cada vez más complejas de la realidad. La unión entre un mayor número de personas genera mayor desarrollo del entendimiento sobre el mundo en el que estamos inmerso y estos nuevos conocimientos permiten, a su vez, el sustento de las grandes ciudades, para así se convertirse en un círculo vicioso.

Por lo tanto, gran parte de los procesos biológicos y cerebrales que forman parte de la conciencia existen fuera de la esfera del lenguaje y de los conceptos, es a través de esto que logramos integrar la información que percibimos y otorgarle un significado. Gracias a ello, formamos una imagen de nosotros mismos, de los demás y de la realidad en sí misma. Según Maturana:

---

12 Harari, Y. (2014). *De animales a dioses*. Penguin Random House Grupo Editorial, S. A. U.

> Esto nos pasa a los humanos: existimos en nuestro operar en el lenguaje y conservamos nuestra adaptación en el dominio de significados que esto crea: hacemos descripciones de las descripciones que hacemos... y somos observadores y existimos en un dominio semántico que nuestro operar lingüístico crea.[13]

Llegados a este punto, es inevitable plantear una base social para la conciencia del ser humano. Si bien estos estudios sobre la conciencia humana se enfocan en las bases neurológicas y antropológicas de esta, la conciencia de orden superior no sería nada sin el significado que la persona le otorga a su propia experiencia y el dominio lingüístico que existe gracias a y dentro de las relaciones humanas. Este significado, al igual que todos los conceptos y el lenguaje en sí son procesos sociales en los que se ven involucrados la cultura y las relaciones interpersonales. De acuerdo con Maturana:

> El lenguaje no fue nunca inventado por un sujeto solo en la aprehensión de un mundo externo, y no puede, por lo tanto, ser usado como herramienta para revelar un tal mundo. Por el contrario, es dentro del lenguaje mismo que el acto de conocer, en la coordinación conductual que el lenguaje es, trae un mundo a la mano. Nos realizamos en un mutuo acoplamiento lingüístico, no porque el lenguaje nos permita decir lo que somos, sino porque somos en el lenguaje, en un

13 Maturana, H. (2006). *El árbol del conocimiento*. Imprenta Salesianos, S. A., p. 139.

> continuo ser en los mundos lingüísticos y semánticos que traemos a la mano con nosotros.[14]

Por esto es que la Filosofía es tan antigua como el lenguaje, porque para explicar o describir algo se necesita una percepción e interpretación de esta. La Filosofía es innata a nuestras experiencias. Si no existiera ningún tipo de lenguaje, llegaría un punto en que no podríamos comunicar que *algo* existe. La realidad sería solo un constante sobrevivir gracias a la autopoiesis de los sistemas y no gracias a una voluntad propia de enfrentarse a la vida. Sin el lenguaje no sabríamos decir qué es lo que percibimos, ya que ni siquiera sabríamos qué es *percibir*, y nadie podría preguntar si es que algo existe o si tú *eres*. Peor aún: no podríamos comunicar *Ser*. El *cogito ergo sum* de Descartes (pienso, por lo tanto existo), necesita de la construcción e interpretación de nuestra realidad a través del lenguaje. Tampoco quiero decir que todo deje de existir solo porque no tiene un observador consciente de sí mismo y de lo que percibe, sino que solamente existiríamos y viviríamos en el eterno flujo del no-lenguaje; no describiríamos nada, solo experimentaríamos los estímulos y reaccionaríamos a ellos, sin más. Por esto es que el lenguaje y la comunicación existen mucho antes que la conciencia, ya que este último se construye a través de las relaciones. Si no tuviéramos lenguaje ni tampoco pensamientos, solo existiríamos en nuestra experiencia corporal.

La conciencia sobre la propia existencia de cada individuo debe siempre ir vinculada al reconocimiento de la existencia de un otro, sino ese conocimiento propio del ser solo será una ficción o egocentrismo.

Respecto a todo lo anterior, se puede llegar a plantear que el mundo mental, la espiritualidad, el misticismo, como también

14 Ídem, p. 155.

el mundo abstracto de las ideas e incluso los dioses tienen como base el acoplamiento lingüístico y social. Ya que, como expresa Humberto Maturana: «la conciencia y lo mental, pertenecen al dominio del acoplamiento social y es allí donde se da su dinámica».[15] En este sentido, las bases de la espiritualidad y la abstracción mental, entre otros diversos fenómenos de esta misma índole, no habitan en una dimensión paralela o que esté más allá de nuestra percepción o comprensión, sino que existen en la misma esfera social; al igual que las organizaciones, son abstracciones del ser humano que influyen en la vida de miles y millones de personas.

El lenguaje es una forma de encapsular la realidad, de humanizar lo divino. Es una manera de almacenar la información que se halla en la realidad física o mental. Es traer a lo humano la experiencia y la abstracción.

Pero, más allá de las palabras, existe una forma de percibir la vida mucho más primitiva que se encuentra escondida del lenguaje, una forma de interactuar que nace de las sensaciones mismas y logra ser más rápida que la formulación de palabras: el lenguaje corporal o no verbal, el cual revela los afectos internos sin que mucho de nosotros ni siquiera nos demos cuenta. Aun así todos entendemos y nos comunicamos a través de este lenguaje más de lo que creemos; este influye en nosotros de forma inconsciente, ya que nos transmite sensaciones o «vibras» como algunos le llaman.

Y si el lenguaje verbal vino desarrollándose por algunos pocos millones de años, a diferencia de la comunicación no verbal cuyos orígenes pueden ser imposibles de rastrear, ¿hasta dónde podemos rastrear el primer lenguaje? ¿Hasta los elementos que interactuaron entre sí para formar los primeros organismos? ¿O hasta las

---

15 Ídem, p. 154.

estrellas que han dado su vida para darnos los elementos necesarios para la vida en la tierra? ¿Podría decirse que en cierta medida las estrellas también se comunican?

Comunicación no verbal

Como seres humanos, estamos tan habituados a usar las palabras para comunicarnos que muchas veces dejamos de lado todo el universo de la comunicación no verbal. Y destaco su importancia por varias razones, puesto que todo este universo del lenguaje no verbal es incluso anterior al despertar de la conciencia.

La importancia de la comunicación no verbal radica tanto en su desarrollo a lo largo de tantos millones de años como también en los contenidos que puede llegar a transmitir. En primer lugar, entendemos que el lenguaje y la comunicación verbal se han desarrollado desde la antigüedad del ser humano lo que, según la teoría evolutiva, nos permitió organizarnos para desarrollar diversas estrategias de supervivencia. Se podría rastrear, entonces, un comienzo para la construcción humana de las palabras y los conceptos.

Anterior a esto, por miles de millones de años, se ha desarrollado la comunicación no verbal en los seres vivos y esto ha estado fundamentado con el primer axioma de la comunicación, el cual expone «la imposibilidad de no comunicar» Podemos inferir, entonces, que los seres vivos, junto a un desarrollo biológico y evolutivo, también fueron desarrollando un tipo de comunicación más allá de las palabras. Es una comunicación que existe en el silencio. En este sentido, la comunicación no verbal nos muestra información inconsciente en los seres vivos que a veces no se puede expresar a través de las palabras

En este sentido, este tipo de comunicación no es una herramienta a utilizar para diversos propósitos, sino que es un universo en sí mismo que amerita considerar la constante comunicación con los demás, ya que se llega a expresar mucho más sobre el estado actual de una persona a través de su lenguaje corporal que a través de las palabras emitidas por esta. Se puede develar la forma de percibir y reaccionar ante la realidad, de forma genuina, a través de la comunicación no verbal.

Todo esto se demuestra a través de cada acción que realicemos, a través de la mirada, de los gestos, de como gesticulas con las manos y con el cuerpo. Esto no es algo de lo que se hable, sino que, al momento de realizar una acción, le comunicas a la otra persona sobre tus estados internos y esta las interpreta, por lo general, de forma inconsciente. No es algo que entre al universo conceptual del lenguaje con regularidad, sino que se queda en el silencio de las miradas y, sin quererlo, todos a tu alrededor te interpretan constantemente. Qué terrible sería entonces ser consciente de que comunicas constantemente y sin quererlo, cosas que tampoco quieres demostrar. Aún peor, imagínate no estar conforme con tu cuerpo o sentirte incómodo en él de forma que no te puedas comunicar efectivamente a través de tu gesticulación y aun así las personas te interpretan de forma errónea. Este es el universo del lenguaje no verbal, para mí, un infierno del que soy consciente a cada momento.

A veces nos esforzamos demasiado en ponerle nombre a todo (lo cual es necesario para las interacciones sociales) o describir de forma precisa una experiencia, pero a veces solo hay que «mirar como si fuera la primera vez». Como dice Krishnamurti:

> Miren a la persona sin nombrarla, mírenla sin el tiempo, sin la memoria, y también mírense a sí mismos, miren la imagen que han construido de sí mismos, miren la imagen que han construido del otro, miren como si estuvieran mirando por primera vez, como podrían mirar una rosa por primera vez.[16]

Cuando se juzga a otro, muchas veces no se está hablando del otro en sí, sino nuestra forma de percibir al otro: el intérprete interpreta el exterior interiorizado. Inconscientemente, muchas veces se expresará más sobre la manera personal de ver el mundo y sobre uno mismo que sobre lo que percibimos en realidad. Nos exponemos a nosotros mismos a través de la expresión sobre un otro.

---

16 Krishnamurti, J. (1982). *La madeja del pensamiento.* Edaf Chile, S. A., p. 49.

La programación del pensamiento

Cuando hablamos de la programación del pensamiento, lo podemos asociar con la noción de mátrix, ese plano mental que le da forma a la realidad que percibimos. Similar a la película *The Matrix*, de hecho, cuando somos conscientes de la programación en la que estamos inmersos, nos damos cuenta de que todo a nuestro alrededor funciona con códigos y símbolos.

Los contenidos de estos códigos insertos en la programación del pensamiento pueden ser:

- conocimientos compartidos a nivel generacional y mundial,
- prejuicios,
- creencias,
- consumismo,
- temores y placeres,
- delimitación y etiqueta de las personas,
- cosas que nos identifiquen o nos definan (nacionalidad, religión, partido político, etc.).

Estos códigos tienen distinta procedencia, importancia y dificultad para romperse.

Literalmente estamos programados para percibir y construir la realidad de la forma en que lo hacemos; estamos influenciados por el pasado para ser, reaccionar y percibir la realidad de determinada forma. Muchos códigos de esta programación tienen la función de actuar en forma de **individualización**, separándonos del resto de personas a través de las definiciones y conceptos, lo que nos impide ser parte de un Todo o ver una realidad más fluida, unida y constante. Esta individualidad, que nos separa del resto, nos hace alejarnos de nuestra verdadera esencia, la cual es el mismísimo punto de nacimiento de la vida y la conciencia.[17] En este punto, todos los seres vivientes somos exactamente iguales: una de las incontables ramificaciones de la vida.

Estos códigos o ideas centrales de la realidad se pueden romper y ser reemplazados. De hecho, se configuran constantemente ante el mero hecho de pensar o hacer, mutando de acuerdo a lo que se experimente. Romper en definitiva la mátrix significa desapegarnos de todo lo que nos identifica y define, esto es disolvernos en un todo, con el sacrificio de ser nada, lo cual es problemático para el ego ya que intenta sobrevivir a través de las definiciones personales y la individualización.

> Pero para percibir este sentimiento humano total de que uno es el resto de la humanidad se requiere una dosis de sensibilidad muy grande (...). Pero si de verdad consideran esto con la mente, con el corazón, con el ser íntegro totalmente atento a este hecho, entonces han roto el programa, lo han eliminado. Se ha eliminado naturalmente. Pero si dicen: «Lo eliminaré», entonces están de vuelta otra vez dentro del mismo patrón.[18]

---

17 Tao, amor o punto de conciencia.
18 Krishnamurti, J. (1982). *La madeja del pensamiento*. Edaf Chile, S. A., p. 32.

Así es como opera nuestro cerebro. Primero, la experiencia (...); es la que provee el conocimiento que se almacena en el cerebro; del conocimiento proviene la memoria, y de esa manera surge el pensamiento. Y, basados en el pensamiento, actuamos. De esa acción aprendemos más y, de ese modo, repetimos el ciclo.[19]

La mente es un laberinto que no tiene otra finalidad más que el punto en el que estés. Muchas veces creemos que podemos callar los pensamientos resolviéndolos con más pensamientos, pero solo lo empeora: el verdadero opuesto de cualquier pensamiento son las acciones concretas (incluso la de no pensar), o poner nuestra atención plena en algo que esté sucediendo en el ahora.

Sociedad y pensamiento

La sociedad, el estado y, en especial, la religión están a cargo de regular la conducta de cada individuo e incluso de los pensamientos, imponer qué está aceptado socialmente y qué no; recordemos que las sociedades garantizan la supervivencia por lo que asumimos, de forma inconsciente, que no ser aceptado en la sociedad podría significar un peligro o incluso la muerte a largo plazo.

Analizando un poco lo normativo, según la sociedad, podemos observar que todas las conductas reprimidas de modo sistemático tienen la similitud de ser la parte instintiva, desenfrenada y caótica del ser humano; por lo que, históricamente, las conductas condenadas siempre son de carácter natural: esto es sexo, apetitos, locura, caos, etc.[20] La sociedad siempre ha querido controlar y dominar la naturaleza, pero algunos no son capaces de entender que el orden y la razón son ilusiones creada por los seres humanos y que la naturaleza es caótica.

---

19 Ídem, p. 21.

20 Diversos autores se han enfocado en estudiar cómo la locura ha sido reprimida a través de la historia.

De igual forma hay que entender que el desenfreno de los placeres antes mencionados perjudica en gran manera la salud física y mental, por lo que hay que buscar un equilibrio. Se le llama «demonio» a esas ideas intrusivas de carácter impulsivo que buscan el placer momentáneo y que, en la medida que demos rienda suelta a esos apetitos, se irán acrecentando y nunca se saciarán pues siempre pedirán más y más. Personalmente, recomiendo negociar con tus apetitos y no cumplirlos todas las veces, sino usarlos a tu favor y premiarte para que estos no te dominen.

La lógica y la razón humana que nos han dado tantos avances científicos y tecnológicos intentan promover cierto orden. Mientras que el instinto y la naturaleza de cada individuo es atraído por el caos. La naturaleza es caótica de por sí, aunque muchas veces se presentan patrones perfectos. Entender el «orden» del caos es una misión inhumana, pues es una dualidad que está en constante conflicto desde hace miles de años.

En la actualidad existe una problemática y es que el sistema nos ha enseñado a buscar los placeres de la vida, registrarlos en la memoria, proyectarlos al futuro y perseguir esa ilusión de felicidad; a la par de evitar a toda costa el dolor y el sufrimiento, haciendo que a veces nos aislemos o nos refugiemos en la dimensión mental e imaginaria del ser, la cual pareciera no tener fin. Además, nos permite la oportunidad de construir una nueva realidad desligada del dolor y el estrés, una fantasía perfecta para nosotros hecha por nosotros mismos. Para aliviar el dolor, debemos aprender a convertirnos en el sufrimiento, ser totalmente dolor, enfrentar la oscuridad para entonces salir de ahí, pero nunca lo lograremos si vivimos evitando ese enfrentamiento.

Pasar mucho tiempo en la mente también nos hace anhelar la instantaneidad de los placeres que, en la fantasía, se presentan al instante cuando los queramos imaginar. Por esto, a veces se desenfrenan los apetitos en búsqueda de ese placer pasajero. Puedes repetir siempre los mismos patrones o luchar contra ti mismo para ser una mejor versión que pudo pelear contra sus demonios; tú decides.

Otra característica del sistema actual es la poca tolerancia que tiene con el error. La sociedad en la que estamos inmersos quiere que todo sea lo más perfecto posible, no da lugar al error porque errar hace que las personas pierdan tiempo y el tiempo significa dinero. Por ello se intenta nunca fallar en nada, lo que nos limita a tomar decisiones riesgosas y novedosas para buscar siempre la estabilidad en todos los aspectos. La estabilidad equivale a no cambiar, a estar estáticos, lo cual puede ser beneficioso en ciertas ocasiones y perjudicial en otras.

El error es el mejor maestro, ya que activa la homeostasis de cualquier sistema para así adaptarse y funcionar mejor. Si nunca fallamos, seguiremos siempre igual: no aprenderemos ni mejoraremos en nada. Es crucial y muy importante que aprendamos a aceptar nuestros errores: solo cuando los aceptamos, podemos liberarnos de ellos y aprender de lo sucedido. Si vivimos negando nuestros errores, estos solo nos atormentarán. Aprendamos a ser libres: somos seres humanos, seres imperfectos, permitámonos a nosotros mismos fallar; da igual lo que digan los demás, nosotros ganaremos libertad y sabiduría si aceptamos que no somos perfectos, que nos podemos equivocar cuantas veces queramos; tomemos decisiones riesgosas, intentemos cosas nuevas, aunque nos dé miedo fallar (y lo hagamos) al menos lo intentamos.

La mátrix, como ya hemos podido observar, también se refiere al sistema social en el que estamos inmersos: la ilusión de separación entre las personas, los variados problemas que conllevan la imposición de un esquema de vida para cada una, el cual no tolera el error en las personas y lo equipara con la debilidad y la constante represión ante instintos que son inherentes al ser humano, los cuales provienen de la naturaleza de la que formamos parte y que, actualmente, masacramos. Esto es producto de la ambición de control y poder sobre la naturaleza, de un sistema de vida que lleva miles de años perfeccionándose y que intenta mantenernos consumiendo frenéticamente cosas innecesarias, mientras las personas poderosas hacen lo que quieren. Ya les digo que nos manipulan desde los apetitos: si quieres rebelarte, deberás controlar lo que consumes y no dejar entrar tanta basura a través de tus sentidos.

Además, como los seres más sociales del reino animal, necesitamos de las relaciones interpersonales para subsistir así como de la atención para perpetuarnos como individuos y no convertirnos en un recuerdo olvidado, o en seres aislados que no existen para nadie más que para sí mismos. Necesitamos de la atención para sentirnos reales, en especial dentro de una sociedad tan grande donde cada ser humano es tan diminuto.

Cuando un hecho es recordado por varias personas, puede permanecer por mucho más tiempo; pero si se presencia por un solo individuo, el hecho morirá con este. Cualquier tipo de información es real solo cuando es compartida, cuando hay otro para confirmar su existencia; pero será recordada por su utilidad, como cualquier persona. Mientras más útiles seamos para la sociedad, por más tiempo permaneceremos en la memoria colectiva.

Pero esto, sumado al internet, puede llegar a producir una distorsión impresionante en la mente de las personas: nuestros quince segundos de fama[21] nos dan una sensación de atención alterada, por lo que nos sentimos mucho más reales en internet, compartiendo

---

21 En esta sociedad tan alterada y acelerada, ya no da ni para quince minutos de fama.

cosas constantemente, que en nuestra propia realidad. Pero esta información (la de nuestra propia existencia) que compartimos con los demás ¿es útil? Si no lo es, caeremos en el vacío del olvido más rápido de lo que nos podemos dar cuenta. Esforzarnos por ser útiles para la sociedad o entregar un aporte es inútil, ya que así se nos recordará como éramos en vida. Pero se distorsiona en la mente y nada permanece en la memoria de las personas tal cual y como era en realidad, todo cambia. Vivir más en el internet que en la realidad nos hará mucho más vulnerables a que se distorsione nuestra imagen, quedaremos grabados en una nube digital.

Los pensamientos y el tiempo

El pensamiento solo funciona en dos tiempos: aunque existe en el presente, el pensamiento tiende al pasado o al futuro; cada pensamiento es una proyección hacia el futuro o a recrear algún recuerdo pasado. Esto provoca que nos aislemos de la realidad, ya que no estamos presentes en el flujo de la existencia, sino que oponemos resistencia y creamos nuestra propia línea temporal desligada de lo real. Por ello es que los contenidos mentales pueden ser atemporales en el sentido de su continuidad.

Es el silencio del pensamiento el que nos une a las fluctuaciones de la realidad, ya que el pensamiento (que está ligado al pasado o al futuro) es contrario a dejarse fluir por el constante y cambiante presente. El pensamiento es la parte del ego que intenta controlar las cosas a través de las experiencias, que intenta predecir el futuro para tener las cosas bajo control o anticiparse a lo que va a suceder, lo cual conlleva a problemas como la ansiedad (exceso de futuro), depresión u otras enfermedades mentales. Cuando dejamos de pensar y de hablar con nosotros mismos es cuando comenzamos a vivir realmente.

Así funciona la ciencia desde sus inicios: por medio de experiencias conceptualizadas y experimentadas, se intenta formular una hipótesis que pueda predecir un evento o conducta futura, y obviamente ha sido efectivo hasta ahora. Pero siempre se les va a escapar la variable tiempo, la cual tiene la característica de ser siempre particular y única. La particularidad del tiempo hace que todo cambie a cada momento, incluso cuando todo suceso se repitió de forma secuencial; el tiempo fue distinto y, con ello, muchos factores que son mínimos pero importantes cambiaron, lo cual hace único cada suceso y esto es algo que nunca se podrá controlar.

La mente como reflejo de la realidad

Toda ley que aplique a la realidad en sí misma, como su estructura de fractal, se refleja en nuestro mundo mental como especie, así como también en la estructura de nuestras ideas y pensamientos

La mente se ha formado a lo largo de millones de años como una réplica de diversos procesos físicos, y me refiero a su estructura general, no a sus contenidos específicos. La conciencia (el yo interno conceptualizando su yo corpóreo) es similar a poner un espejo frente a otro, por lo que todo suceso en la naturaleza se replicó en nosotros, los cuales son interpretados en la mente humana a través del significado de las palabras. Fenómenos trascendentales como la atracción de la gravedad, el día y la noche, o lo que se nos ocurra, se han instalado en la mente de cada ser humano e influyen en nuestros pensamientos y forma de ser. Que la mente dependa de lo real para existir implica una serie de cosas que van dirigidas a esta misma idea. Esto se debe a que estamos arraigados al tejido de la realidad y estamos sujetos a todas las leyes que rigen a la misma naturaleza y sus estructuras.

En primer lugar, al igual que el universo con sus variadas escalas en forma de fractal,[22] la mente también tiene diversos elementos que interactúan en varias escalas de tamaño. Esto, en la percepción humana, significa personalidad en escalas más grandes y pensamientos e ideas aisladas en escalas más bajas. Me refiero específicamente a que los pensamientos se relacionan entre sí en su propia escala, lo que da vida a esferas de realidad más grandes con nuevos y más grandes elementos que interactúan en diversas escalas. Puede que el universo sea una simple célula que interactúa con otras para dar vida a otro ser, y ese otro ser se relacionase con otros en su misma escala. Lo curioso es que los elementos que funcionan entre sí puede que nunca perciban las dimensiones de otros seres más de lo que sus propias interrelaciones pueden crear.

Por lo tanto, como la mente simula la realidad existente, también tenemos muchos aspectos a nuestro alrededor: estos son los distintos puntos de vista o análisis que se pueden tener de un mismo objeto, idea o evento. Todos los sistemas vivos son similares, pues tienen muchos aspectos a su alrededor que se pueden analizar; pero siempre seremos mucho más complejos de lo que parecemos ya que siempre habrán aspectos que nadie podrá llegar a conocer. Las palabras no alcanzan para describir los conceptos, ya que son límites pequeños para lo que podemos alcanzar a ser o experimentar; la experiencia auténtica es mucho más que el entendimiento conceptual de ella. En este sentido, podemos decir que algo vivo es algo que comunica y se configura a través de la interacción, pero ¿cuáles serán los límites de esto?

Como los pensamientos y todo el proceso psicológico son un reflejo de nuestra naturaleza y estado físico, la mente funciona

22 Desde los seres más grandes como las estrellas, hasta los más pequeños como los átomos.

gracias a lo que consumimos mediante los sentidos: nuestra alimentación, lo que nos guste ver y escuchar, además de nuestros actos y hábitos definirán nuestro estado mental. Nuestra definición de la vida se basa en nuestras vivencias. Difícilmente podremos incluir experiencias que ni siquiera imaginamos. Hay vidas y destinos más allá de nuestra comprensión.

Además, al obsesionarnos con cualquier idea o pensamiento, tendemos a relacionar todo estímulo a estas ideas. Las ideas tiñen nuestra realidad y, de todos los estímulos, como un proceso inconsciente, seleccionaremos los elementos que podamos relacionar a esta «verdad».

Podemos entonces cambiar nuestra mente al cambiar nuestra propia realidad,[23] como también podemos cambiar nuestra realidad al modificar los contenidos mentales.[24] La mente depende de la realidad, pero no al revés.

Los cambios en los estados mentales son tan sutiles que, aunque muchas veces creemos estar vigilantes ante el más mínimo movimiento mental, es este mismo «vigilante» el que cambia de estado, por lo que es demasiado difícil seguir el rastro de cómo fluctúa la mente. Las psicopatologías son siempre adaptativas por lo que, independiente de si el estímulo que gatilló la psicopatología fue intenso o no, los cambios que se producen en la mente se ven siempre «justificados», por lo que se les permite integrarse en nuestros pensamientos.

Cualquier estímulo o fluctuación en el ambiente, como por ejemplo una pandemia, va a producir pensamientos (conscientes o no) o cambios en el cerebro que siempre son progresivos y coherentes. Como acabo de mencionar, hay estímulos más notorios que otros, pero hay algunos tan sutiles y tan constantes que pasan completamente desapercibidos

23 La cual también se compone de relaciones, hábitos, etc.
24 Como las atribuciones que le demos a cierto objeto o suceso.

en la humanidad entera, como las fluctuaciones astronómicas. Como la Luna influye en las mareas o en el nivel del mar, también influye en nuestros estados mentales, los cuales pueden ir desde una simple realización de la rotación de la Tierra («está atardeciendo») hasta cambios en el estado anímico. Y así también con eventos astronómicos como tormentas electromagnéticas, cambios en la magnetósfera o en la atmósfera, o incluso en fluctuaciones gravitacionales.

Estos cambios en la mente de las personas son tan sutiles o estamos tan acostumbrados por su constancia que ni siquiera los ponemos en duda, sino que nos dejamos guiar por el estado mental actual, el cual se ve influenciado por mil factores por lo que la lucidez absoluta no existe.

Como muchos otros conspiparanoicos, de lo cual también fui fanático en mi niñez, yo no creo que el mundo esté siendo controlado por alguna entidad o representación maligna, Satanás o algún grupo elitista avaricioso que haga sacrificios humanos. No puedo verificar ni desmentir ninguna de estas teorías, pero uno se puede auto convencer de lo que quiera creer. Lo que sí podría corroborar es que todos estos métodos de control de masas se hacen efectivos a nivel individual, a través de los circuitos de dopamina y de recompensa en nuestros cerebros.

En última instancia, no es que el sistema esté hecho para generar mayores ganancias a un grupo reducido de personas (esto es un efecto colateral), sino en principio para satisfacer una gula colectiva que siempre busca más y más. Mayor entretención, más contenido, más videos, más anuncios, más dinero, más, más y más. Esto termina siendo un círculo vicioso del cual solo podemos salir limitando nuestro consumo, no solo como un consejo moral para una mejor vida, sino como la única vía real para combatir al sistema actual de producción incesante.

Si de verdad queremos destruir al sistema elitista que nos separa en clases sociales, debemos revelarnos hasta en nuestros hábitos más mínimos de nuestra vida diaria.

El consumo de cualquier tipo de información, ya sea visual, auditiva o de cualquier producto, incluso en la alimentación, es donde se nos implantan ideas que podemos compartir o debatir. Si de verdad queremos revelarnos y que el sistema de producción actual que destruye el mundo de verdad caiga, tendremos que preocuparnos de cuidar todos nuestros hábitos, nuestro cuerpo y mente. Si no podemos cambiarnos a nosotros mismos, ¿cómo podríamos cambiar el sistema?

Si lo piensas bien, es mucho más fácil privarse de consumir (ya que no requiere ninguna acción) a seguir con los mismos hábitos de consumo descontrolado (que requiere hacer un esfuerzo para satisfacer estos apetitos). Pero, a nivel mental, es toda una lucha, lo sé, pero sí que se pueden cambiar los hábitos autodestructivos. Realmente nos controlan a través de nuestras ideas y apetitos. Tenemos el control de lo que consumimos. ¿De qué sirve rebelarse contra el sistema si consumimos todo lo que nos propone y subvencionamos así los mecanismos que al mismo tiempo queremos abolir?

Este es un cambio social indispensable para la sustentabilidad de la humanidad. Debemos aprender a cuidarnos a nosotros mismos, como también a la naturaleza que nos rodea, o llegaremos a una inevitable extinción. Si bien los grandes empresarios que controlan las mayores empresas del mundo pueden escoger retrasar estos cambios y así aminorar las pérdidas que pudieran significar para ellos, tarde o temprano esta transformación en la mentalidad de las personas llegará, o se desmoronará el sistema desde los fundamentos de su estructura.

Meditación

La meditación será, entonces, el habitar constante en este punto medio, en esa transición entre el futuro y el pasado que existe en el ahora, alinear todos los puntos medios de todos los flujos infinitos que tiene la realidad.

En la meditación no hay pensamiento y, si es que lo llegara a haber, se le dejaría fluir sin que se estanque en nuestra mente e interrumpa la meditación. Mediante esta reflexión hacia el interior del ser, se atraviesa por el silencio de la no perturbación para intentar llegar a la unión constante con la realidad: es como imaginar tu mente como si fuese un pozo grande de agua en el que estás flotando, donde cada pensamiento es una gota que cae del cielo. Cuando te quedas mucho tiempo pensando, estas gotas alterarán la calma del agua, turbando la mente.

Si te quedas excesivamente mucho tiempo repitiendo los mismos pensamientos o creando nuevos, esto creará una tormenta en la que sentirás que te ahogas. Pero ten calma: la tormenta durará hasta que te acuerdes de respirar o hasta que la tormenta se desborde por tus ojos. **Una lluvia de pensamientos y lágrimas no tapará por siempre el sol de tu sonrisa.**

Las escuelas y el sistema público entrenan las mentes para que estas se concentren. La concentración, según el autor Krishnamurti, divide la mente en dos, para que una parte controle la otra:

Por lo tanto, en la concentración existe el controlador y lo controlado. El pensamiento divaga; el pensamiento dice que no debe divagar y yo lo traigo de vuelta como el controlador que afirma «debo concentrarme en esto». Hay, pues, un controlador y está lo controlado. (...) es una treta que el pensamiento está jugándose a sí mismo.[25]

25 Krishnamurti, J. (1982). La madeja del pensamiento. Edaf Chile, S. A., p. 109.

Contrario a la meditación, donde no hay foco de atención, la idea es ser totalmente perceptivo e imperturbable: «Ahora bien, en la atención no hay controlador ni existe lo controlado; solamente hay atención».[26] En este momento es cuando sabremos valorar la belleza de las cosas, verlas por lo que son, sin atribuciones o representaciones mentales. La idea es observar sin nombrar, sin otorgar valores, sin interpretar lo sucedido sino percibirlo por lo que es. En este silencio, habita lo atemporal.[27]

En la actividad de no pensar y fluir con la existencia, se encuentra la naturaleza del hombre. En palabras de Ortega y Gasset:

Porque el hombre no tiene naturaleza. El hombre no es su cuerpo, que es una cosa; ni es su alma, psique, conciencia o espíritu, que es también una cosa. El hombre no es cosa ninguna, sino un drama —su vida, un puro y universal acontecimiento que acontece a cada cual, y en que cada cual no es, a su vez, sino acontecimiento.[28]

A veces solo hay que preguntarse: ¿qué es lo que no nos permite estar presentes? En la actualidad, existen una inmensidad de dogmas y creencias que predican un bienestar permanente, asegurando un estilo de vida saludable que incrementará y perpetuará la felicidad de sus seguidores. Estas seudorreligiones han creado un prejuicio hacia lo «no saludable», además de imponer la intolerancia hacia prácticas que sean consideradas como dañinas en cualquier aspecto del ser humano. Estas ideas perpetúan la dicotomía de la salud, donde si algo no es saludable entonces es indudablemente dañino y hay que evitarlo, además de sesgar a quienes no les interesa seguir aquellos estilos de vida.

---

26 Ídem.

27 Tao, amor o la pura conciencia.

28 Ortega y Gasset, J. (1987). *Historia como sistema y otros ensayos*. Alianza Editorial, S. A., p. 37.

Esto deriva en una obsesión por seguir modelos saludables, rechazando todo lo que sea concebido como perjudicial para la salud. Pero esta rigidez de la «felicidad», a mi parecer, tampoco es sana para la mente. En lo personal, concibo la felicidad como algo flexible, moldeable y cambiante con el tiempo. Además, lo que me hace bien a mí puede que te haga mal a ti, e incluso lo que me hace bien hoy, mañana tal vez sea perjudicial debido a cambios en mi forma de pensar o de ser.

No sigas ideas sin cuestionarlas antes: aprende a integrarlas a tu realidad para que sean más eficientes. Encuentro mejor hallar un equilibrio entre la salud mental y física, con una dosis de autocuidado como también una de disfrute por las cosas que te gustan, sean «sanas» o no. La idea tampoco es obsesionarse por un equilibrio, pues todo fluctúa mucho como para permanecer rígido en una posición o idea; deja que la vida te sorprenda y te lleve a lugares que nunca imaginaste.

Te moverás dentro de varios espectros a lo largo de tu existencia: el espectro de la felicidad y la tristeza, de las ideas, de la salud física y mental, de las interpretaciones, de cómo te perciben los demás. Aunque la obsesión por ciertas metas sea «sana» o tal vez no, prepárate para poner en tela de juicio tus actos, pon en duda tu estilo de vida. Y si quieres seguir así, recuerda que tenemos el poder sobre nuestros hábitos y acciones: vive lo mejor posible según tu propio juicio y no estés todo el tiempo cuestionándote las cosas. La vida solo puede ser vivida dejando de pensar y fluyendo con ella, aunque sí puedes decidir hacia dónde quieres llegar y qué quieres construir.

La estructura de la vida

Una de las cosas más importantes en esta realidad es tener claros los ciclos, los cuales se hallan en todo lo que percibimos, incluso en nosotros mismos o en el universo. Todo es cíclico al punto de que nos llegamos a dar cuenta que nuestra vida es solo un «periodo» que comienza y termina delante de nuestros ojos, sobre ello no podemos hacer nada al respecto. Los ciclos están por sobre nosotros y el universo mismo, por lo que están fuera de nuestro poder. Por suerte, podemos ser conscientes de cómo funcionan para así poder tener cierto control sobre algunos de ellos. Si bien somos un átomo en el gran cosmos, al mismo tiempo somos todo un universo para el nivel universo cuántico.

Los ciclos son, en pocas palabras, todo lo que existe dentro de la realidad o, una mejor definición, todo lo que fluye a través de la percepción de cualquier ser. Todo ciclo comienza y termina, por lo que todo es finito. El sentido de por qué todo muere lo explicaré más adelante, en la sección «Idea de muerte».

Estos ciclos se podrían dividir en dos categorías: internos y externos. Empecemos por los ciclos internos:

Los **ciclos internos** son los que interactúan con o en nosotros como, por ejemplo, las experiencias, las ideas, las emociones; todo nuestro conocimiento como personas o como sociedad, personas que han transitado en nuestra vida, etc. Es todo lo que ocupa tiempo y espacio en nuestras mentes.

Una metáfora para entender cómo funcionan los ciclos internos y cómo interactúan en nuestras vidas nace de una frase muy utilizada, pero a la que tal vez no le damos su real peso: «todo es pasajero». No hay nada que perdure eternamente, ni siquiera el universo. Pues bien, pensando en un sistema donde «lo pasajero» sea el factor fundamental, di con el siguiente ejemplo:

Imagina tu vida como si fuera un autobús o un colectivo, algo tan común y cotidiano como un vehículo que transita por la calle. Un medio de transporte al que se sube y baja gente, donde no existe un apego mayor a uno u otro vehículo porque, en general, todos son iguales. Podemos decir entonces que en este transporte transitan ideas, experiencias, conversaciones, etc.

Por un momento, imagina que tienes un colectivo del que eres el conductor y en el tú decides qué camino seguir (tus propias decisiones) según el destino al cual quieres llegar (tus metas). Como todo autobús, hay dos puertas por donde entrará y saldrá todo ciclo interno. Si bien muchos ciclos saldrán y se irán de tu vida, también es cierto que hay ciclos o personas que perdurarán hasta tu muerte.

Este autobús puede parar un momento para dejar a los pasajeros, pero la única regla en la vida es que siempre debes seguir adelante sin importar el camino que sigas o las decisiones que tomes, pues la última parada es la muerte. La regla es que, a pesar del sufrimiento que nos genere dejar un pasajero o un ciclo, siempre debemos seguir nuestro camino. Nunca olvidemos que existirán ciclos en nuestro presente que debemos aprovechar lo que perduren, pero realmente todo termina.

Por otro lado, están los **ciclos externos** que serán toda cosa real o abstracta que exista independiente de nosotros, ya sea que interactuemos o no con estos, como puede ser, por ejemplo: la sociedad, las creaciones humanas (tanto artísticas como tecnológicas), todo lo que tenga vida; los planetas, los sistemas solares, las galaxias, los cúmulos, el universo, etc.

Nada de esto es nuevo ni son conocimientos tan impresionantes, pero nos sirve como un conocimiento familiar para los temas que siguen.

Ramificaciones y sistemas

Como se puede observar, todo sistema que tenga un flujo consta también de ramificaciones. Estos sistemas de circulación pueden ser, por ejemplo, los ríos, los árboles, los rayos, el sistema nervioso, el sistema respiratorio, el flujo vehicular e incluso la personalidad de las personas, entre muchos otros. Si bien todos estos sistemas son distintos en cuanto a su contenido y elementos, todos ellos se ven influenciados por las mismas leyes de flujo. Todos estos sistemas mencionados responden al principio establecido bajo el nombre de ley constructal, propuesto por Adrian Bejan, donde se explica que los sistemas basados en flujos dependen de maximizar el acceso de las corrientes que mueven y de modificar su forma o morfología para así distribuir todo de forma más eficiente.

Esto se resume en que los sistemas de circulación siempre buscarán hacer más eficiente el flujo dentro de estos, maximizando la captación de cierto «fluido» dentro de un volumen lo más reducido posible. Unos ejemplos serían: el oxígeno en el sistema respiratorio, el agua en los sistemas de drenaje de los ríos, las corrientes de aire y del mar, el flujo de los electrones que contienen los ramificados rayos, y así con cada sistema de flujo imaginable.

Como esta ley se aplica a cualquier sistema imaginable en la naturaleza, también aplicará para sistemas artificiales hechos por el ser humano ya que, como seres existentes, estamos encerrados en nuestra realidad: todas las leyes universales influirán en nosotros como individuos y como sociedad. Finalmente, toda ley física del universo influirá en la estructura de nuestra mente y de nuestras ideas.

Estamos atrapados en el flujo de la realidad y sus leyes. No podemos escapar. Es lo que nos formó y es lo que somos: el mismo universo y su estructura. La ley constructal aplica para todos los sistemas que están dentro de nuestro cuerpo (como ya vimos, sistema respiratorio, sistema nervioso, etc.) como también para nuestra mente, ideas y conocimiento como individuos y como sociedad. Todo el conocimiento humano puede ser concebido como un gran árbol que nace desde la misma conciencia del ser. Es como imaginarse a nuestros ancestros primates (basándonos en el modelo evolutivo), dándose cuenta de su propia existencia y del vasto y complejo mundo que les rodea, donde cada animal, planta e insecto es un universo en sí mismo. En los próximos capítulos intentaré develar el secreto de cómo nació la conciencia en los seres humanos.

Este árbol del conocimiento se ramifica en cuanto a las áreas que la humanidad maneja, como lo son las matemáticas, la biología, la psicología, entre otras. Cada vez que llegamos a un nuevo punto del saber, este árbol se volverá ramificar indefinidamente. Si bien el conocimiento humano también puede ser representado como un cerebro interconectado, donde cada tema resulta en una neurona que se interconecta con miles de otras temáticas del saber, también se puede concebir como un árbol, considerando el siguiente ejemplo:

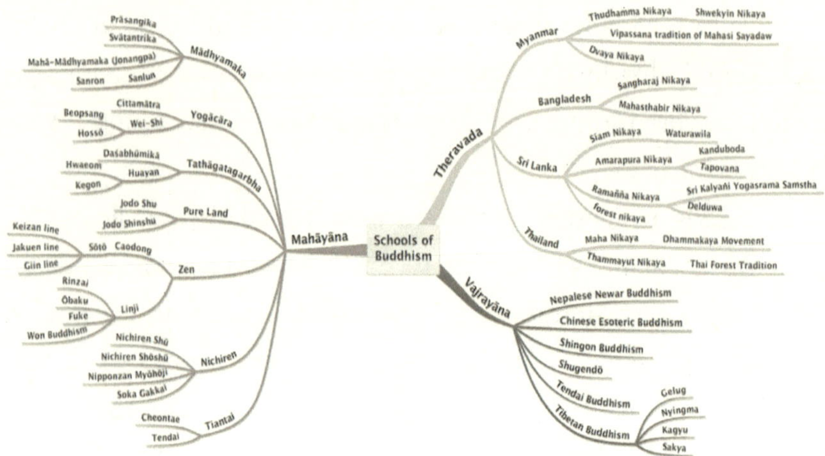

Ramas del budismo. Fuente: Miraheze.org.

Este sistema puede ser representado de muchas otras formas, pero es más interesante analizarlo en este formato, el cual realza la importancia de considerar no solo el budismo sino toda ideología humana como un flujo constante que se ramifica en la misma realidad. Y es que este sistema no se ramifica solo en una persona de forma individual, sino también en una conciencia colectiva y abstracta de la cual todos formamos parte.

Quisiera comenzar el siguiente punto, sobre la teoría de sistemas, citando a Bateson:

> Después de todo, un sistema es cualquier unidad que incluya una estructura de retroalimentación *(feedback)* y, por lo tanto, capaz de procesar información. Hay sistemas ecológicos, sistemas sociales y el organismo individual *sumado* al ambiente con el cual está en interacción es un sistema en sí mismo, en este sentido técnico.[29]

29 Bateson, G. (1993). «Un enfoque sistémico», en *Una unidad sagrada. Pasos ulteriores hacia una ecología de la mente.* Herder, p. 2.

Podríamos decir, entonces, que todo puede ser entendido como un sistema, incluso la interacción entre dos o más personas, pero ¿cuál es el límite de esto? ¿Es, por ejemplo, el lenguaje en sí mismo un sistema? Ferdinand de Saussure, padre de la lingüística estructural concibe, en sus diversas obras, al lenguaje como un sistema abierto. Como dice Bateson, donde haya una estructura de retroalimentación y un procesamiento de la información, habrá un sistema.

Como podemos ver, existen varios niveles en el universo tanto de arriba hacia abajo,[30] como también de forma paralela.[31] Todos estos niveles obedecen a las mismas reglas universales donde la principal es la construcción y la destrucción, donde se encuentran dos fuerzas primordiales: una que empuja hacia la división de un todo en sus partes y otra que intenta unir los elementos en sistemas cada vez más grandes. Todos estos sistemas se forman y se destruyen en un ciclo eterno, donde los elementos que existen desde el principio del universo van adquiriendo distintas formas a través del tiempo. Pero es la misma materia existente desde el principio hasta el final, la cual se rige por estas fuerzas que, en la misma fluctuación de ambas, crean y destruyen los sistemas a los que dan vida estos elementos.

La muerte solo es la destrucción de cierta estructura específica de la materia, pero esta solo se transforma y toma diversas formas. La individualidad e incluso la identidad del ente es lo que se desintegra, pero hay muchos más aspectos involucrados, los cuales detallaré más adelante en el capítulo «Idea de muerte».

Conozco ciertas objeciones que se le pueden hacer a esta teoría de sistemas, como por ejemplo las que menciona Ludwig Bertalanffy en su texto *El significado de la teoría general de sistemas,* donde expone: «Semejante teoría constituiría el fundamento de un

30 Desde las estrellas y agujeros negros hasta los átomos.

31 Donde coexisten distintas realidades dentro de un sistema cada vez mayor.

Estado totalitario, dentro del cual el individuo humano parece como una célula insignificante de un organismo o como obrera intrascendente en una colmena».[32] Esta sería una visión parcial de la teoría, ya que si bien cada individuo podría ser visto como una célula insignificante o incluso más pequeño que un átomo a escalas del gran cosmos, también puede ser visto como un universo entero a escalas celular o atómica, por lo que este argumento es bastante imparcial en cuanto a la visión de lo que la teoría general puede proporcionar.

Por otro lado, también se hace hincapié en que:

> La teoría general de los sistemas no persigue analogías vagas y superficiales. Poco valen, ya que junto a las similitudes entre fenómenos siempre hallan también diferencias (...); no se pretende que haya particular semejanza entre las manzanas, los planetas y los océanos desde otros muchos puntos de vista.[33]

A lo que puedo decir que esta no es la última intención de esta teoría, sino la de ver fuerzas trascendentales que influyen en cada nivel de la realidad en distintos elementos de la misma manera, dilucidar las leyes más transversales y fundamentales de todos los sistemas conocidos.

Aquí la pregunta es: ¿hasta qué punto estos sistemas están vivos en sí mismos? ¿Se puede decir que un enjambre de abejas, un sistema social o un sistema solar están vivos en sí mismos y portan una inteligencia

---

32 Bertalanffy, L. (1968). *Teoría general de los sistemas: Fundamentos, desarrollo, aplicaciones*. Fondo de Cultura Económica, p. 63.
33 Ídem.

separada de los integrantes individuales? ¿Hasta qué punto podemos decir que estos sistemas comunican? Es decir, ¿cuál es el límite para decir que las estrellas se comunican o se transfieren información?

Las esferas de la realidad

Para explicar mejor este punto, es necesario imaginarse las distintas realidades como esferas en las cuales uno se sumerge: cada persona posee una propia y estas se pueden compartir en cualquier número de agrupaciones, como pueden ser los relatos sociales. Cada aspecto de la realidad o del conocimiento humano, como cualquier idea llevada a cabo, es una esfera en sí, un sistema en sí mismo, como podría ser cualquier deporte, actividad, religión o cualquier tópico del conocimiento humano; literalmente hay un submundo de cualquier cosa. Intenta mirar a tu alrededor por un momento y piensa que existe un submundo de todo lo que veas: hay personas que dedican su vida a realizar, perfeccionar o crear lo que estés viendo. Cada una de estas esferas (realidades) posee su propio lenguaje y elementos característicos. Además, las realidades tienen pioneros y activistas quienes aportan, de cierta forma, a que esta realidad se expanda... o se divida.

Además de todas las realidades en que cada uno nos desempeñamos, también nos compone un aspecto único que solo existe cuando estamos solos. Esta versión tuya nunca la verá nadie ya que, si interactúas con alguien, nuestro comportamiento cambiará en cualquier grado, por lo que será diferente de cuando estamos solos. Nunca nadie nos podrá ver genuinamente solos. Esta realidad hace que nadie nos pueda conocer en su totalidad. El intento de describir este estado propio también sería en vano.

La sociedad es una gran realidad compartida basada en relatos. El poder de la sociedad es la unión bajo un reglamento consensuado.

Es sabido que si nadie prestara atención a las reglas, estas no tendrían ninguna validez. Los países, las leyes, el dinero, las posesiones, todas son fantasías que hemos aceptado sin cuestionar nada, creyendo que su utilidad es nuestra propia conveniencia.

Inevitablemente, y aunque queramos ignorar el juego de la sociedad, siempre caeremos en alguna realidad y nos apegaremos a ella. A todos nos gusta algo, a todos nos hace sufrir algo, porque estar en la realidad significa apegarse y encariñarse con cualquier cosa que nos llame la atención. Quien de verdad está desapegado de todo vive en un juego distinto donde ni la muerte tiene significado, pero este camino no es para todos.

Nadie es mejor ni peor por preferir algún estilo musical o vestir de cierta forma: es una misma realidad pero con distintos colores. No vale la pena criticarla.

Un apego funciona en dos vías: una donde es benéfico para quien quieren seguir viviendo,[34] como también puede ser perjudicial para quien solo quiere morir, ya que estos apegos no lo dejarán tranquilo ni siquiera en sus últimos momentos.

La vida es tan compleja y a la vez tan simple porque es lo que es. La complejizamos al preguntarnos «¿Por qué o cómo es lo que *es*?».

Idea de muerte

Nada muere, todo cambia. Decir que no venimos de la nada y volvemos a ella es ser ingratos y desagradecidos con el universo que nos dio materia de sí mismo para que nosotros podamos existir; y no en términos místicos o religiosos, sino en términos físicos y científicos. Estamos creados de materia del mismo universo: las estrellas dieron sus vidas para que nosotros tengamos los elementos

34 Estos apegos les dan razones a las personas para seguir luchando por su propia vida.

necesarios para la existencia. Fuimos estrellas, fuimos polvo, la configuración de esta materia cambió y fluctuó en la formación y destrucción de incontables seres previos a nosotros; ahora somos lo que somos hoy en día y luego volveremos a cambiar a otra cosa. La materia y la energía que nos compone existen desde el principio del universo, y solo ha transformado su configuración a lo largo de millones de años sin dejar de existir. Nuestros componentes físicos alimentarán a insectos, quienes alimentarán a animales y así entramos nuevamente al ecosistema y a la cadena alimenticia. Seguiremos existiendo en la tierra misma, en los animales, en el planeta, luego en el universo, hasta que todo acabe en algún punto.

Esto es respecto a la descomposición física de nuestro cuerpo, pero a nivel mental y de significación es otra historia. Y antes de explicar este segundo aspecto de la muerte, te planteo esta pregunta: ¿crees que una persona que se suicidó experimentará la misma muerte, a nivel mental, que una persona que murió de forma pacífica en un lugar cómodo? Aquí lo que cambia son los últimos segundos que esta persona pasó en este mundo, dejando una última imagen de su esencia.

Una vez que esa persona muere físicamente, deja de configurarse por sí misma y pasa a una idea colectiva que se mantiene viva gracias a las personas que la recuerdan y hacen que ese sistema se siga configurando en la realidad o en la conciencia colectiva. Quienes recuerdan a una persona fallecida la salvan del olvido y la soledad eterna, recuperan su persona de la Nada y la hacen Algo otra vez mediante la verbalización.

En último término, la muerte, como la interpretamos nosotros, significa el desapego definitivo de todo lo que nos identifique como un *yo*, de todo lo que nos otorgue una identidad y una individualidad respecto a las demás personas. Lo que muere es el ego, lo cual es solo la ilusión de individualidad y separación del resto de elementos de una misma realidad en la que todos convivimos. En la muerte, todo lo que te conforme como individuo se desintegra y se fragmenta hasta que nunca puedas volver a ser como antes. Te desapegas de ti para convertirte en todo lo demás: tu persona, tu cuerpo y tu personalidad se fragmentan al extremo, hasta que todas esas piezas que te componían como persona no se pueden volver a unir.

Estructura del tiempo

La estructura y el funcionamiento del tiempo son simples de entender si se tiene clara la diferencia entre lo que Heidegger llama «la comprensión vulgar del tiempo» con la percepción más consciente del constante presente.

La percepción vulgar del tiempo vendría siendo una concepción instrumental del tiempo: las nociones de hora, día, semana, año, etc. Estos son conceptos creados por y para el ser humano debido a la utilidad que nos proporciona el entendimiento de los ciclos que se presentan en la naturaleza, como las estaciones del año, la trayectoria del sol, si aumenta o disminuye el caudal de un río, entre otros, desde los cuales se comenzaron a contabilizar y enumerar hechos y sucesos. La naturaleza y el universo marcan el paso del tiempo a través de sus ciclos, pero estos no se rigen ante estos horarios. Estos ciclos incluso pueden variar debido a factores externos que alteran estos ciclos de los cuales provienen nuestros horarios.

El tiempo que realmente existe y en el que todos estamos inmersos, debido a su estructura universal, es tan simple como un constante presente. De esto hay bastante literatura al respecto, además de dogmas y religiones basadas en la plena percepción de este, pero Schopenhauer logra una descripción precisa de este constante ahora:

> A cada acontecimiento de nuestra vida le pertenece el «es» solamente por un instante; luego, para siempre, el «fue» (...). Nuestra existencia no tiene ninguna base y suelo en el que apoyarse más que el presente que se desvanece. De ahí que tenga por forma esencial el constante movimiento.[35]

El instante presente, rodeado por el pasado y el futuro, los cuales para la percepción humana no existen sino solo en un fugaz «ahora», sobre lo que ya fue y sobre lo que podría llegar a pasar. Esta estructura generaría un flujo inalterable idéntico al símbolo del infinito donde dos elementos contrarios se unen para poder existir y, en esa unión, crean un tercer elemento donde todo colapsa en un punto 0. Siempre se ha imaginado al tiempo como una línea recta que, segundo tras segundo, evento tras evento, avanza de manera constante e inalterable. Otras veces se percibe el tiempo de forma circular:[36] en estos sistemas, todo vuelve donde empezó para repetirse por la eternidad, como si fuera una sentencia.

La representación del tiempo que propongo en este libro se basa en el símbolo infinito (∞), donde se encuentra el pasado por un lado y el futuro por el otro, juntándose ambos para colapsar en un eterno, constante e inamovible presente. Este punto 0, donde convergen ambos elementos, *es* y *no es* al mismo tiempo, es decir, existe, pero al momento de conceptualizarlo o conceptualizar el presente y decir «Este es el presente», ya dejó de ser para cambiar por otro. Se podría decir que el presente es algo muy pequeño: por decir algo, es una subpartícula de la realidad tan diminuta que es

35 Schopenhauer, A. (2009). *Parerga y Paralipómena. Vol. II.* Trotta, p. 300.

36 Donde se le puede llegar a asociar con el Eterno Retorno o a un ciclo interminable como el *yin* y el *yang*.

casi imperceptible en su unidad fundamental y se cancela al mismo tiempo de existir. *Es* y *no es*, el presente deja de existir al instante, aparece y se desvanece al mismo tiempo, es un 0 que dura infinitamente, un 0 infinito.

Schopenhauer llega así a la siguiente reflexión, donde reafirma esta percepción fugaz del tiempo:

> En consideraciones como las anteriores se podría fundamentar la teoría de que disfrutar el presente y hacer de ello el fin de la propia existencia constituye la máxima sabiduría, porque él es lo único real y todo lo demás es simple especulación. Pero igualmente se le podría llamar la máxima necedad: pues lo que en el próximos instante ya no existe, lo que desaparece tan completamente como un sueño, no es en modo alguno merecedor de un serio afán.[37]

Entre el símbolo del infinito y el infinito como concepto existe una gran diferencia. El símbolo (al que, en mi humilde opinión, se le debería dar otro nombre) es, por así decirlo, como el símbolo del *yin* y el *yang* pero incluso más completo ya que, además de considerar dos elementos contrarios o una «dualidad», contiene un punto medio que funciona como punto de unión o incluso de colapso entre ambos: es un punto 0 donde ambos elementos interactúan y, posteriormente, se convierten en su contrario; un punto donde ambos contrarios fluyen de manera constante. De la dualidad nace algo nuevo. Esa es la dinámica de este símbolo.

---

37 Schopenhauer, A. (2009). *Parerga y Paralipómenta*. Vol II. Trotta, p. 300.

El flujo del tiempo (y el tiempo mismo), el *yin* y el *yang* (todos los contrarios por naturaleza), lo finito y lo infinito, la cordura y la locura, la vida y la muerte; todas estas dualidades poseen esta marca y fluyen de la misma manera. Las más grandes y trascendentales leyes naturales tienen esta marca. El símbolo del infinito contiene dos opuestos que colapsan en un vértice donde todo se concilia y logra existir. Este símbolo es uno de los más completos en cuanto a la naturaleza de la vida. Pero, paradójicamente, el infinito como concepto no funciona de la misma manera, ya que este solo sería uno de los dos polos: no logra ser la dualidad completa ni el punto de colapso.

No hay que ver al símbolo del infinito como algo estático, sino que hay que prestarle atención a cómo tiene un movimiento constante y fluye eterna e inalterablemente. Al igual que el tiempo,[38] nunca se detendrá. Cuando nos damos cuenta del flujo en este símbolo, vemos como los dos contrarios influyen uno en el otro,[39] pero no sin antes volver a su origen más puro.[40]

En el infinito (como concepto) está contenido absolutamente todo (o la absoluta nada) por esto que es uno de los pocos conceptos que nos pueden hacer percibir de alguna forma el absoluto. En el infinito, todo tiene 100 % de probabilidad de que pase. Como es el ejemplo del teorema del mono infinito donde a un chimpancé se le asigna una máquina de escribir para que escriba una secuencias aleatorias de letras y palabras por lo que, en un período infinito de tiempo, escribirá todos los libros conocidos y por conocer. En el infinito se podrá especular sobre todos los posibles escenarios que puedan ocurrir, pero todos estos casos hipotéticos se cancelarán en el Ahora.

38 Este símbolo y el tiempo vendrían siendo lo mismo.
39 El pasado en el futuro y el futuro en el pasado.
40 Tao, Amor, punto conciencia o «el ahora».

Todo lo que imaginemos aplica para el infinito, pero el infinito no es nada que lo pueda definir, ni siquiera su propio concepto, es *nada*, lo único realmente absoluto es el vacío y la Nada, todo lo demás es finito. El infinito no es ninguna cosa, no se limita al concepto. Cuando alguien dice «Nada es para siempre», además de decir que las cosas no durarán puesto que son limitadas, se da una afirmación de que la Nada es lo único eterno y absoluto. Al limitar la Nada y hacerla Algo, ese Algo será temporal y finito, mientras que la Nada permanecerá inalterablemente eterna y absoluta. Cualquier cosa que se imagine que puede ser la Nada es válido, pero al mismo tiempo se cancela ya que la estamos materializando en algo finito.

Sobre este punto ínfimo que se haya al centro de este símbolo del infinito se cimenta toda la realidad. Todo lo que percibimos está basado en un colapso eterno: estamos atrapados en un presente que solo es perceptible, que colapsa en nosotros y del cual no podemos escapar. Eso es el «ahora», un elemento que escapa de toda conceptualización y materialización, que solo existe en la percepción presente de las cosas. Y en esto se basa la meditación, en dejar de poner palabras a la experiencia humana y vivir en el silencioso presente que solo se puede percibir.

Según Heidegger:

> Devenir significa pasar del ser a la nada o de la nada al ser. Devenir es tanto llegar a ser como dejarse de ser (...). Cuando se determina la esencia del tiempo como un «devenir intuido», es evidente que el tiempo es primariamente comprendido desde el ahora, vale decir, desde el ahora tal como

> se lo puede encontrar en el puro intuir. (...) El tiempo es el devenir «intuido», es decir, el paso no pensado que simplemente se presenta en la secuencia de los ahoras.[41]

Aquella es la relación entre pasado y futuro, donde se logra intuir que el devenir de las cosas quedará en un *no ser* (el pasado) o que, lo que ahora *no es* (el futuro), puede llegar a ser. Este es el flujo del tiempo, el cómo se influyen mutuamente los dos polos opuestos del tiempo. El presente no se encuentra en el describir sino en el vivir y el actuar, no está en la mente sino que el presente *es* la dimensión física de la existencia. Vemos que en esta estructura (∞) el pasado y el futuro, por sí solos, son un 0, hasta que la coexistencia de ambos crea el puro presente, no existen más que en una mente que recuerda eventos pasados o imagina eventos futuros. Para Reinhart Koselleck, historiador alemán, pasado y futuro se ven representados en la experiencia y la expectativa, lo cual influye en todo acto histórico que, en su momento, fue un presente que ahora yace únicamente en la memoria. En este sentido, Koselleck comenta:

> La categoría del trabajo remite al ocio, la de guerra a la paz y viceversa, la de frontera a un espacio interior y a otro exterior, una generación política a otra o a su correlato biológico, las fuerzas productivas a las relaciones de producción, la democracia a una monarquía, etc. (...). Sin el ánimo de establecer aquí una jerarquización estéril, se puede decir que todas las categorías condicionales que se han mencionado para las historias posibles

> se pueden aplicar individualmente, pero ninguna es concebible sin estar constituida también por la experiencia y la expectativa. Por lo tanto, estas dos categorías indican la condición humana universal; si así se quiere, remiten a un dato antropológico previo, sin el cual la historia no es ni posible, ni siquiera concebible.[41]

Vemos entonces que la experiencia y la expectativa, concebidas aquí como el pasado y el futuro, son estructuras inseparables del ser humano y de todo lo que acontece en el universo. Todo suceso que se percibe se enmarca dentro de estos parámetros, donde lo único real ipso facto es el momento presente. Koselleck agrega:

> Evidentemente, las categorías «experiencia» y «expectativa» reclaman un grado más elevado, ya apenas superable, de generalidad, pero también de absoluta necesidad en su uso. Como categorías históricas equivalen en esto a las de espacio y tiempo. (...) Evidentemente, la pareja de conceptos «experiencia y expectativa» es de otra naturaleza, esta entrecruzada internamente, no ofrece una alternativa, más bien no se puede tener un miembro sin el otro. No hay expectativa sin experiencia, no hay experiencia sin expectativa.[42]

Por lo tanto, no somos arrojados al mundo, como tampoco interactuamos ni nos relacionamos con el tiempo, sino que somos el

41 *Futuro pasado: Para una semántica de los tiempos históricos.* Paidós Básica, p. 336.
42 Íbid, pp. 335-336.

universo y el tiempo en sí mismos encarnados. No estamos sumergidos en el espacio-tiempo, somos el espacio-tiempo que evolucionó en una cantidad innumerable de seres vivos hasta llegar a la propia consciencia del ser y del universo. Heidegger agrega a esto que:

> El análisis de la historicidad del Dasein intenta mostrar que este ente no es «tempóreo» porque «esté dentro de la historia», sino que, por el contrario, solo existe y puede existir históricamente porque es tempóreo en el fondo de su ser.[43]

El último punto corresponde al mundo imaginario, el cual corresponde al pasado que se configura en un Ahora. En palabras simples, esta dimensión de la existencia se sustenta en las experiencias y en el lenguaje. No puedo decir que la imaginación venga de la nada, puesto que la nada no crea nada... por esto mismo es que todo sistema filosófico e idea remonta a algún planteamiento previo, puesto que el sustrato de toda creación, invención o creencia humana es la misma realidad.

Lo imaginario se sustenta en la percepción de la realidad, y las construcciones que hacemos de ella a nivel mental. Nos sirve también para escapar y refugiarnos de esta realidad, la cual a veces resulta demasiado intensa que preferimos evadirla. Puede funcionar como un lugar de seguridad que nos hace evadir los sentimientos intolerablemente intensos respecto de nuestra realidad. Muchos problemas mentales surgen cuando se está demasiado tiempo en esta dimensión y se llega a desconocer o a desligarse de la realidad, ya que la mente la puede llegar a distorsionar de formas muy complejas.

---

43 Heidegger, M. (1972). *Ser y tiempo.* Editorial Universitaria, p. 395.

La naturaleza del amor

La función del amor, Tao o el punto mismo de la conciencia, es la de crear, hacer de la idea algo concreto y real. No se debe confundir con la percepción banal del amor, sino que este es el centro puro de toda la existencia. Se puede percibir cuando te deshaces de todo apego y solo vives el presente, inalterable como en la meditación: en ese silencio habita el amor. No conoces o percibes el amor, sino que te conviertes en él. El amor es la divinidad creadora de todas las representaciones de ideas que existen, es el punto medio entre dos polos opuestos, donde ambos convergen. También puede verse como esa energía de vida que se pierde y deja un cascarón inocuo al morir, esa luz que nos permite vivir.

Algunos cultos creen en la divinidad de la atención, la cual también es representada como el tercer ojo, el ojo que todo lo ve, el ojo de Horus o el ojo de la providencia, incluso se le conoce como «el farol que ilumina el camino»; pero todas estas representaciones son para referirse al foco de atención de cada ser humano. En último término, usamos la atención en cada momento de nuestras vidas y, hacia donde la dirijamos, es muy importante para muchos cultos. La meditación, el *mindfulness*, la magia, entre muchas otras actividades, utilizan la atención como el factor fundamental.

La meditación y el *mindfulness*, entre otras actividades, intentan que la persona preste atención a la respiración o a procesos corporales para aliviar estrés, pensamientos rumiantes, pensamientos negativos, entre otros. La magia intenta manipular la atención de la o las personas para completar trucos que sean sorprendentes.

La importancia de la atención radica en que esta fue la que nos dio conciencia. Como ya expliqué antes, es uno de los recursos más importantes de cada ser humano y, cuando aprendemos a dominar nuestra atención, podemos dominar casi cualquier aspecto de nosotros mismos. Finalmente, todas estas representaciones místicas de la atención surgen porque la mente puede estar atenta a cualquier pensamiento o idea, independiente de lo que estemos mirando de forma física; en este sentido, la atención es el foco de la mente.

La atención nos da toda percepción de nuestra realidad, ya que toda información y experiencia que adquirimos la almacenamos en nuestra memoria a través de la atención. La vida es mucho más de lo que podamos observar: existen vidas y destinos inimaginables que nunca podremos conocer, por lo que nuestro mundo se limita a lo que podamos experimentar.

Las fuerzas

No son sino la unidad fundamental del espacio, lo que hace vibrar las cuerdas, por lo que mueven toda la realidad, incluso el tiempo. Las fuerzas son las creadoras del universo, aunque han tenido varios nombres a lo largo de la historia: Dios, amor primigenio o esencia primigenia.

Todo existe y se mantiene en equilibrio por estas fuerzas que interactúan de una forma específica en este universo pero, si estas traspasan las dimensiones, podríamos decir que estas fuerzas interactúan de diversas formas en una gran matriz de realidades; incluso es probable que existan más tipos e interacciones entre ellas. Las fuerzas traspasan el mismo mecanismo del tiempo, ya que son estas las que lo mantienen en movimiento.

En esta dimensión, todo retorna, en última instancia, a ejercer estas fuerzas. Por esto es difícil creer que las fuerzas humanas o sobrenaturales puedan atravesar las distintas capas de otras realidades que se encuentren en yuxtaposición.

Al nacer lo primero que hacemos es saber ocupar espacio en esta realidad, aprender a ejercer fuerza y saber mantener el equilibrio de nuestro cuerpo, sea de forma consciente o inconsciente. Por el mero hecho de existir quiere decir que estamos ejerciendo fuerza en algún lado. El «esotérico» plexo solar no es más que nuestro punto de equilibrio, el punto medio donde actúa la fuerza de gravedad que permite mantenernos parados y en movimiento. Problemas en nuestro centro gravitatorio traerían, entonces, todo tipo de problemas de espalda o enfermedades. Cada vez que levantamos peso o generamos movimiento con nuestro cuerpo, usamos de forma inconsciente esta distribución de las fuerzas.

El impulso universal de colisionar entre galaxias, en contraposición al impulso de separarlo todo para siempre, son funcionamientos que van desde lo más grande a lo más pequeño. Estas fuerzas están escondidas a nuestra realidad perceptible, pero todo lo que interactúa en esta matriz de realidad lo hace utilizando las fuerzas de una u otra forma. Incluso entidades que son abstractas a nuestra percepción, como la sociedad, pueden utilizar estas fuerzas para crear y destruir objetos, como lo pueden ser las organizaciones comprendidas como un sistema abierto.

La simulación de la realidad

A fin de cuentas, la historia humana se trata sobre seres funcionando dentro de una simulación: personas involucradas en esta realidad junto a un sistema creado por nosotros mismos. Nosotros somos la mente maestra, creadores de nuestra propia realidad. El sistema que funciona con base en el dinero es solo una pastilla para adormecernos y que sigamos funcionando en el nivel más instintivo de la realidad. Pero, aunque haya mucho más allá afuera, no hay nada más en realidad.

En la época actual existen una gran cantidad de películas, series, juegos, libros e incluso corrientes filosóficas que suelen comparar y reducir esta realidad al nivel de alguna simulación de computadora. Pero, si finalmente los *softwares* son los que simulan cada aspecto de esta realidad y sus leyes físicas, ¿por qué reducir, entonces, esta realidad a una simulación que solo representa algún pequeño aspecto de nuestras vidas? ¿No sería al revés, donde estas simulaciones pueden ser igual de válidas que la propia realidad? Si nosotros funcionamos bajo una narrativa, tanto individual como colectivamente, ¿no serían estas pequeñas simulaciones igual de real para los que existen bajo esta? No se le toma el peso a este tema, como aquellas inocentes personas que no cree cuán serio puede ser un tema (como, por ejemplo, el racismo) hasta que esto llega a afectar su mundo individual.

Fuera de esta simulación hay otra y otra y otra; existen incontables niveles de la realidad. Nosotros podemos crear más realidades diminutas en base al juego y el arte. Los personajes involucrados en las simulaciones que creamos serán ilusorios, al igual que la realidad que les envuelve; esa será su realidad y su mente no podrá salir de aquella a menos, claro, que estén programados para ser conscientes de su dimensión, pero no podrán salir porque se les puede adormecer en otra realidad más grande, donde ese ser crea que salió cuando en realidad nunca lo hizo, solo enloqueció.[44] Podemos crear otras realidades expandidas donde este personaje piense que salió de la simulación pero sigue atrapado en ella. Esto se podrá hacer innumerables veces por lo que, creo, puede ser un método bastante efectivo para atrapar seres conscientes dentro de más y más niveles de realidad.

Salir de este nivel de realidad requiere un sacrificio (la propia vida) para el despertar eterno. Los apegos son lo que nos mantiene unidos a la mátrix, como si fueran cables conectados a nosotros: sacarse todos esos cables y lanzarse al vacío de la muerte es un proceso doloroso donde se debe perder todo para despertar.

No te creas mejor por salir o despertar de una realidad, pues los dueños de cada nivel de realidad también están atrapados en ella, aunque crean que es la última. Es la percepción la que nos encierra y solo se puede escapar de la ilusión en la muerte y en el olvido eterno, cuando finalmente nos convirtamos en esa Nada.

Los creadores de este sistema socioeconómico son personas cuyo juego escaló demasiado y nos consumió a todos. El sistema es una ilusión, es un gran Monopoly. ¿La mano invisible? El jugador que va dictando las reglas. Nacemos para satisfacer a este animal que

---

44 Así como se puede engañar a una inteligencia artificial para que genere conciencia.

es el sistema, que sobrevive con base en nosotros. La satisfacción es una droga que nos hace apegarnos a esta realidad e involucrarnos más. Los vínculos y las relaciones hacen que sea más difícil dejar esta mátrix: mientras más nos involucremos con la gente y la realidad, más perderemos a la hora de abandonar el juego. Esta simulación está tan bien diseñada que, incluso mientras dormimos, nuestros deseos más íntimos se satisfacen para que nos sigamos involucrando.

Existen virus en esta realidad y son las personas que saben aprovecharse del sistema para lucrar y vivir de despertar a las personas. Mientras vivamos, siempre será nuestro turno de jugar nuestra ficha y recursos (vida, cuerpo y mente); debemos jugar con sabiduría en este mundo, con conciencia en nuestros actos; saber por qué y para qué vamos a jugar ciertos recursos y, ojalá, tener una idea de las repercusiones en los demás. Busca las reglas del juego, las verdades últimas y propias de la realidad: tenerlas en consideración te ayudará bastante a la hora de decidir.

Ojalá nunca nos arrepintamos de nuestras jugadas pero es inevitable equivocarnos, que las emociones tomen posesión de nuestros cuerpos y jueguen por nosotros. Posiciónate más arriba de tu cuerpo o tu contexto. Tú eres la mente maestra que crea tu realidad, posiciónate fuera del tablero y analiza lógicamente tus movimientos, no dejes que tus emociones interfieran.

El *show* en el que vivimos se puede manejar desde la actuación: para manipular y manejar los sentimientos de otra persona debemos actuar de determinada forma, pero debemos tener en claro que no nos estamos involucrando en realidad. La mayoría somos seres mucho más emocionales que racionales.

A fin de cuentas, todos perderemos. Es un juego que solo tiene una salida.

Así que ya es hora de decidir, ¿cuál será tu próxima jugada?

Nada es infinito

Referencias bibliográficas

Bateson, G. (1993). «Un enfoque sistémico», en *Una unidad sagrada. Pasos ulteriores hacia una ecología de la mente*. Herder.

Bertalanffy, L. (1968). *Teoría general de sistemas: Fundamentos, desarrollo, aplicaciones*. Fondo de Cultura Económica.

Durkheim, E. (1987). *La división del trabajo social*. Akal.

Harari, Y. (2014). *De animales a dioses*. Penguin Random House Grupo Editorial, S. A. U.

Heidegger, M. (1972). *Ser y tiempo*. Editorial Universitaria.

Koselleck, R. (1993). *Futuro pasado: para una semántica de los tiempos históricos*. Paidós Básica.

Krishnamurti, J. (1982). *La madeja del pensamiento*. Edaf Chile, S. A.

Maturana, H. (2006). *El árbol del conocimiento*. Imprenta Salesianos, S. A.

Ortega y Gasset, J. (1987). *Historia como sistema y otros ensayos*. Alianza Editorial, S. A.

Schopenhauer, A. (2009). *Parerga y Paralipómena. Vol. II*. Trotta.

Simón, V. (2000). *La conciencia humana: integración y complejidad*. Psicothema.

www.ingramcontent.com/pod-product-compliance
Lightning Source LLC
LaVergne TN
LVHW091227150826
845673LV00003B/1053